NATIONAL
GEOGRAPHIC

School Publishing

# Fuerza y movimiento

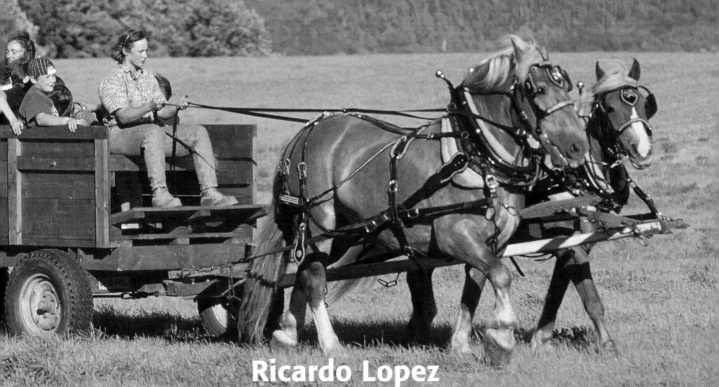

## Ricardo Lopez

## PICTURE CREDITS

Cover, 2, 4 (above right & below right), 5 (above left), 7 (right), 8 (right), 9 (all), 12 (below left), 13 (above right), 15 (all), 16 (below left), Photolibrary.com; 1, 5 (below left), 8 (left), 11 (all), 13 (left & below right), 14 (above right), APL/Corbis; 4 (left), 6 (all), 7 (above left), 12 (above left & right), 14 (center), 16 (above right & below right), Getty Images; 10 (above), 14 (below right), Lindsay Edwards Photography; 10 (below), 14 (left), 16 (above left), Ibis for Kids Australia.

Produced through the worldwide resources of the National Geographic Society, John M. Fahey, Jr., President and Chief Executive Officer; Gilbert M. Grosvenor, Chairman of the Board.

**PREPARED BY NATIONAL GEOGRAPHIC SCHOOL PUBLISHING**
Ericka Markman, Senior Vice President and President Children's Books and Education Publishing Group; Steve Mico, Senior Vice President and Publisher; Marianne Hiland, Editorial Director; Lynnette Brent, Executive Editor; Michael Murphy and Barbara Wood, Senior Editors; Bea Jackson, Design Director; David Dumo, Art Director; Margaret Sidlowsky, Illustrations Director; Matt Wascavage, Manager of Publishing Services; Sean Philpotts, Production Manager.

**SPANISH LANGUAGE VERSION PREPARED BY**
**NATIONAL GEOGRAPHIC SCHOOL PUBLISHING GROUP**
Sheron Long, CEO; Sam Gesumaria, President; Fran Downey, Vice President and Publisher; Margaret Sidlosky, Director of Design and Illustrations; Paul Osborn, Senior Editor; Sean Philpotts, Project Manager; Lisa Pergolizzi, Production Manager.

**MANUFACTURING AND QUALITY MANAGEMENT**
Christopher A. Liedel, Chief Financial Officer; George Bounelis, Vice President; Clifton M. Brown III, Director.

**BOOK DEVELOPMENT**
Ibis for Kids Australia Pty Limited.

**SPANISH LANGUAGE TRANSLATION**
Tatiana Acosta/Guillermo Gutiérrez

**SPANISH LANGUAGE BOOK DEVELOPMENT**
Navta Associates, Inc.

Published by the National Geographic Society
Washington, D.C. 20036-4688

ISBN: 978-0-7362-3840-3

Printed in Canada

12 11 10 09 08

10 9 8 7 6 5 4 3 2

# Contenido

imán

cochecito de niño

remolcador

**Empuje y arrastre son fuerzas. Hablen sobre cómo las fuerzas hacen que algo se mueva.**

niveladora

vagoneta

# Empujar

El **empuje** es una fuerza. Empujando podemos hacer que algo se mueva.

La niña empuja la pala.

El hombre empuja el carrito.

La mujer empuja la cortadora de pasto.

La niña empuja el auto.

# Arrastrar

El **arrastre** es una fuerza. Arrastrando o jalando podemos hacer que algo se mueva.

El niño jala el papalote.

El hombre arrastra el trineo.

Los niños jalan la cuerda.

Los caballos arrastran la carreta.

9

# Imanes

Un **imán** puede arrastrar.
Un imán puede hacer que algo se mueva.

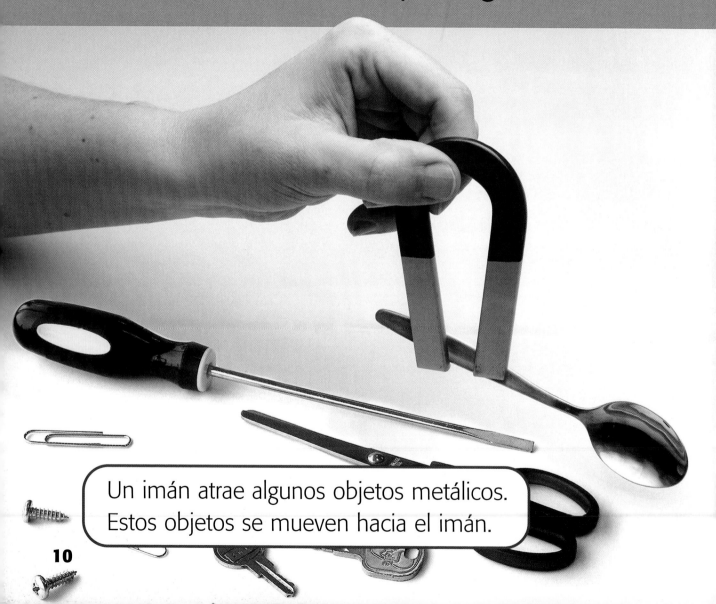

Un imán atrae algunos objetos metálicos.
Estos objetos se mueven hacia el imán.

Los imanes pueden ser grandes o pequeños.

# ¿Cuánta fuerza?

Necesitamos una fuerza para hacer
que algo se mueva.
A veces necesitamos mucha fuerza.

## Más fuerza

# A veces necesitamos menos fuerza.

## Menos fuerza

vagoneta

columpio

puerta

tren de imanes

14